Ernährung bei Zahnproblemen sowie Kauproblemen

Tipps bei der Zubereitung und Auswahl Gesunder Lebensmittel bei Zahnproblemen & Kauproblemen

<u>Elena Gilbert</u>

<u>2023</u>

Vorwort zu diesem Ratgeber

Aus persönlicher Erfahrung weiß ich ganz genau, wie es ist, wenn man beim Kauen eingeschränkt ist bzw. nicht alles essen kann, was man möchte, … diese Erfahrung musste ich für Jahre durchmachen, damals fing ich mit Suppen an und Kartoffelbrei, allerdings fühlte ich mich nicht gut ernährt, mit diesen Optionen, daher überlegte ich für mich selbst „Was kann man Gesundes Essen, wenn man Probleme beim Kauen hat" und probierte einiges aus, damit ich mich gesund Ernähren konnte trotz Kauproblemen.

Zu diesem Buch

ich hoffe das auch dir dieser Ratgeber helfen kann, auf den letzten Seiten habe ich für dich einen Tagesplaner erstellt damit kann man sich sein Essen für die Tage zusammenstellen, die Lebensmittel die ich hier empfehle sind gesunde Lebensmittel daher kann man sich gut Ernähren trotz Zahnproblemen/Kauproblemen die Zusammenstellung ist jedem selbst überlassen sowie die Portionen, auch kann man meine leben-mittel-Tipps auch bei einer Diät anwenden ich nenne diese die „Die nicht Kauen Diät"

Auswärts zu essen fand ich damals als wirklich sehr schwer, außer Reis konnte ich damals nicht essen und wenn ich mal auf einer Seite essen konnte, ging das wirklich langsam …

Ernährung bei Zahnproblemen nach/bevorstehender Zahnoperation oder auch bei Kieferproblemen bzw. Kauproblemen

Dieser Ratgeber soll ihnen helfen, sich bei Kauproblemen gesund und fit durch die Genesung zu bringen.

Kann auch, als Diät angewendet werden, um sein Idealgewicht zu erreichen.

Die Lebensmittel, die ich in diesem Buch empfehle, basieren alle auf meinen persönlichen Erfahrungen, da ich für viele Jahre Probleme mit den Zähnen hatte, daher möchte ich mit diesem Ratgeber denen Menschen mit meinen Erfahrungen helfen und die sich dazu noch gesund ernähren möchten!

Denn sich täglich nur von Suppen und Kartoffelbrei zu ernähren fand ich damals sehr langweilig und es fehlte an Protein, gesunden Fetten und an Kohlenhydrate...

Meine Ernährungstipps können sie auch zur Arbeit, Universität, Schule usw. mit sogenannten Frischhalteboxen mitnehmen. Denn auswärts zu essen ist ziemlich schwer bei Kauproblem.

© 2023 Elena Gilbert

Lektorat von: Elena Gilbert

Druck und Distribution im Auftrag des Autors:
tredition GmbH, An der Strusbek 10, 22926 Ahrensburg, Germany

Tipp 1 : Basmati Reis (Normal)

Kochen Sie den Basmati Reis lange durch (Ich kochte ihn immer für ca. 45 min) danach ist er für den Magen viel bekömmlicher. Zudem ist dieser Reis besonders gesund. Zuerst reichlich Wasser in einem Topf füllen und 1 Teelöffel Salz hinzufügen, auf höchster Stufe kochen und nachdem Kochen in einem Sieb abtropfen lassen und abkühlen lassen. Fertig (Sollte sich etwas Reis am Boden festkleben, geben sie einfach ein Glas Wasser hinzu. Nach ca.30 Min. löst sich der dann von selbst)

+ Gut verträglich   + enthält keine Gluten

+ Hilft beim Detoxing   + bietet Vitamine - B

Tipp 2 : *Rote Linsen*

Geben Sie für 1 Portion ca. 80 g bis 90 g rote Linsen in einem Topf hinein und waschen sie dieses gründlich durch, lassen sie die Linsen für ca. 2 bis 3 stunden einweichen, in dem Top (falls sie keine Zeit zum Einweichen haben können sie diesen Vorgang weglassen jedoch können ohne einweichen mehr Blähungen entstehen)Waschen sie die roten Linsen kurz vor dem Kochen nochmals und geben sie ca. 400ml für das Kochen Wasser hinzu. (Salz erst nach ca. 45 Min. hinzufügen) gerne können sie nach ca. 30 Min. auch Petersilie hinzufügen (Ich nahm immer die Sorte aus dem Glas).

Die Linsen müssen auch hier auf höchster Stufe für ca. 1 Stunde gekocht werden bis die linsen mehlig sind, sollte es zur Schaumbildung kommen ist das ganz normal einfach mit dem Löffel umrühren.

Nach dem Kochen die roten Linsen abkühlen lassen bis sie lauwarm sind und am besten Bauernbrotschnitten, das weich ist in würfel schneiden und die Kruste entfernen, danach mit der Linse vermischen. Fertig

+ Ballaststoffe   + Proteinreich

+ Liefert Eisen   + für Veganer geeignet

Tipp 3 : *Walnüsse mit Rosinen*

Sie denken jetzt, wie bitte? Ja richtig gehört ABER natürlich in einem Zerkleinerer bzw. Mixer zubereitet ;-), sie können ca. 30 g bis 40 g in einem Zerkleinerer zubereiten und wenn sie möchten 2 Teelöffel Rosinen dazugeben (Ansonsten auch 1 Teelöffel Zucker) Achten sie beim Kauf der Walnüsse unbedingt auf hochwertige Walnüsse! Sie enthalten zudem Omega 3, was Entzündungshemmend ist. Sobald sie alles in den Zerkleinerer hineingemacht haben müssen sie nun alles GRÜNDLICH zerkleinern bis sie merken, dass die Walnüsse wie eine Art Paste aussehen oder auch flockig sind! Walnüsse und Rosinen schmecken einfach lecker und sind zudem gesund ;-).

+ Omega 3 Quelle   + Biotin

+ Liefert B Vitamine + Macht fit im Kopf

Tipp 4 : *Kartoffeln mit Ei(er)*

Schälen Sie vor dem Kochen die Kartoffeln sauber und schneiden sie in Würfeln, danach gründlich waschen und in einem Topf mit ausreichend Wasser GRÜNDLICH bei höchster Temperatur kochen, Salz können sie sofort hinzugeben, ca. 1 Teelöffel! Die Kartoffeln müssten nach ca. 50 Min. weich sein (testen sie es mit einer gabel, ob sie butterweich sind) nachdem die Kartoffeln durchgekocht sind, spülen sie mit einem Sieb das Wasser weg und legen die Kartoffeln erneut in den Topf und zermatschen diese GRÜNDLICH mit einer großen Gabel oder auch püriere durch, bis die Kartoffeln wie Schnee aussehen, in der Zwischenzeit Ei oder eier kochen und auch hier GRÜNDLICH die Eier pürieren oder mit einer großen Gabel zermatschen, alles zusammen mischen und Fertig!

Die Kombination mit den Kartoffeln und Ei ist von besonderen hochwertigen _biologischen Wert!_

+ Macht Satt   + liefert Gute Kohlenhydrate

+ Magnesium Quelle

Tipp 5 : _Cashewkerne - Naturbelassen_

Auch hier werden die Cashewkerne in einem Zerkleinerer zubereitet. Einfach ca. 1 Handvoll oder auch etwas mehr GRÜNDLICH zerkleinern bis sie wie eine Art Paste und flockig aussehen, sie machen fit und machen gute Laune bzw. heben ihre Stimmung an. Am besten in der Woche ca. 1 bis 2 Mal essen. Sie können auch Cashewkernenmuß kaufen, der ist jedoch oft mit Konservierungsstoffen zugesetzt.

+ Machen Gute Laune   + Proteinreich

+ Magnesium   + Gesunde Fette

Tipp 6 : *Speisequark (Alternativ Laktosefrei) mit Vanille Joghurt*

Da es sich um ein Milchprodukt handelt, nicht sofort nach einer Zahnoperation essen! Eher geeignet bei Kauproblemen

Ich empfehle den Quark mit 20 % Fett und dazu einfach einen hochwertigen Vanillejoghurt dazu, essen sie den Quark mit einem Teelöffel in kleinen Portionen und tauchen sie den Quark in den Vanillejoghurt hinein, schmeckt lecker und liefert viele Proteine

+ Calcium   + Aminosäuren

+ Proteinreich   + Macht Satt

Tipp 7 : *Speisequark (Alternativ Laktosefrei) mit Banane und etwas Zitrone*

Da es sich auch hier um ein Milchprodukt handelt, nicht sofort nach einer Zahnoperation essen! Eher geeignet bei Kauproblemen

Zuerst 1 Banane klein schneiden und mit einer Gabel zermatschen. Nachdem sie die Banane GRÜNDLICH zermatscht haben, etwas Zitronensaft zur bananenmuß hinzugeben und alles wieder mischen.

Quark in eine Schüssel geben und den Bananenpüree mit dem Quark gut vermischen, und fertig schmeckt fruchtig frisch und liefert zudem Proteine und Vitamin C.

+ Vitamin C   + Aminosäuren

+ B-Vitamine + Liefert Protein

Tipp 8 : *Mozzarella (Wenig Fett)*

Den Mozzarella in Würfel schneiden und immer kleiner schneiden, danach mit einer Gabel die Mozzarella GRÜNDLICH zermatschen bis diese Flockig ist! Sie können dazu auch Bauernbrotscheiben essen (Falls sie etwas kauen können) auch hier die Kruste vom Brot überall entfernen.

Da es sich auch hier um ein Milchprodukt handelt, nicht sofort nach einer Zahnoperation essen! Eher geeignet bei Kauproblemen

+ Proteinreich   + Für Vegetarier geeignet

Tipp 9 : *Junge Erbsen (Tiefgekühlt)*

Die Erbsen für 1 Portion einfach mit reichlich Wasser kochen (Salz kann hinzugegeben werden ca. 1 Teelöffel) nach ca. 45 Min. die Erbsen mit dem Wasser abtropfen lassen und in einem Zerkleinerer zu Püree verarbeiten GRÜNDLICH! Sie können dazu die Bauernbrotscheiben in Würfel schneiden und den Erbsenpüree hinzugeben bzw. untermischen, auch geeignet als Zugabe auf den Basmati Reis (1)

+ Liefert Proteine   + Vitamine B und A

+ Macht Satt   + Ballaststoffe

Tipp 10 : *Pasta-Corallini mit Gemüsebrühe*

Kochen Sie einfach Pasta des Typs CORALLINI etwas mehr als al dente mit der Gemüsebrühe zusammen, ich nahm immer einen halben würfel Gemüsebrühe und bringen sie zuerst die Brühe zum Kochen und fügen sie danach die Pasta Corallini für 1 Portion oder auch mehr hinzu und lassen sie diese mehr als al dente kochen, da die Corallini sehr winzig, sind, müssen sie diese überhaupt nicht lauen und mit der Kombination mit der Gemüsebrühe fand ich das damals einfach lecker.

+ Bietet Abwechslung   + Kohlenhydrate

Tipp 11 : _Lachs - Filet_

Ich meine damit ein Stück Lachsfilet (Nicht den bereits geschnittenen
Räucherlachs usw.) den frischen Lachs Filet der ca. 9 bis 10 Euro kostet, schneiden
sie den Lachs in Portionen (Vorsichtig da die haut zäh ist) besser mit gabel als
Haltung benutzten !) und die übrigen Portionen einfach tiefkühlen.

Zuerst Pfanne erhitzen und etwas Sonnenblumenöl in die Pfanne geben und den
Lach gründlich braten, sie können während des koch Vorgangs Petersilie oder auch
Zitronensaft hinzufügen. Nachdem der Lachs gekocht ist, können sie ihn mit der
Gabel GRÜNDLICH zerkleinern und mit Bauernbrotscheiben (falls etwas kauen
möglich ist) essen oder auch mit dem Kartoffelpüree (4) zu sich nehmen.

+ Protein   _+ Omega 3_

+ Gesunde Fette _+ Hält das Herz Gesund_

Tipp 12 : *Polenta aus Mais*

Die Polenta wie auf der Verpackung zubereiten und nachdem sie gekocht ist etwas Olivenöl hinzugeben, ca. 1 Esslöffel, die Polenta abkühlen lassen, danach ist sie viel cremiger, kann auch als Beilage zum Lachs gegessen werden.Tipp Besser Abkühlen lassen dann ist die polenta viel Bekömmlicher für Magen und Darm.

+ Gut Bekömmlich   + Kohlenydrate

+ Bietet Abwechslung   + Enthält Mineralstoffe

Tipp 13 : *Spinat mit Bauernbrotscheiben*

Kochen Sie in einer Pfanne die tiefgekühlten Spinat-Blöcke (Ich nahm immer die Sorte Blattspinat) geben sie ca. 1 Teelöffel Salz erst kurz vor dem Durchkochen hinzu, bei dem Kochvorgang können sie ca. 150 ml Wasser hinzugeben und kochen den Spinat für ca. 1 stunde gut durch, schneiden sie in der Zwischenzeit die Bauernbrotscheiben in würfel (und den Rand (Kruste) einfach weg) das in würfel geschnitten Brot in den Teller geben und mit dem gekochten Spinat vermischen und Fertig.

+ Vitamin A   *+ Folsäure*

+ Schützt die Zellen *+ Entwässernd*

Tipp 14 : *Frischer Brokkoli*

Die geschnittenen Brokkoli Bäume in einem Topf mit ausreichend Wasser und 1 Teelöffel Salz auf hoher Temperatur kochen, mit einem Deckel!

Mit der Gabel während des Kochvorgangs prüfen, ob die Brokkolis schön weich sind und fertig. Auch als Beilage zum Basmati Reis geeignet (1)

Die Brokkoli müssen Sehr weich sein bzw. gekocht werden !,anonsten gibt es Magenverstimmungen.

+ Ballaststoffe *+ Vitamin C*

+ B Vitamine   *+ Kalorienarm*

Tipp 15 : *Pasta Corallini mit Ei*

Kochen Sie die Corallini wie bei (10) lassen sie ein wenig Wasser, mit dem die Pasta gekocht wurde, übrig und geben sie etwas Öl, hinzumachen sie danach einfach 1 bis 2 Eier in den Topf hinein, wo sich die corallinis befinden und mischen alles zusammen (Kochen sie auf niedriger Temperatur) die Pasta und das Ei weiter bis man das Ei flockig und deutlich erkennt. Dazu können sie Grana Padano Gerieben sowie etwas Petersilie dazugeben.

+ Bietet Abwechslung   *+ Gute Kombination*

+ Sättigt Gut   *+ Vitamin B*

Tipp 16 : *Suppen*

Ab und zu können sie auch Suppen mit Bauernbrotscheiben zu sich nehmen, einfach Brot in Würfel schneiden und Kruste entfernen. Durch die Scheiben sättigt die Suppe deutlich mehr.

- Tomatensuppe

- Erbsensuppe

- Gemüsesuppe (ohne Karotten oder Erbsen usw.)

- Brokkoli Creme Suppe

- Kürbissuppe

+ Bieten Abwechslung

Tipp 17 : *Kuchen,Smoothie*

Normalerweise sind Süßigkeiten tabu, aber 1 bis 2 Mal die Woche können sie sich Schokoladenkuchen / Zitronenkuchen gönnen (ich nahm immer den zum Fertig backen aus Netto Eigenmarke) der war immer schön locker und ohne Stücke!

Smoothie ist auch erlaubt, jedoch nur wenig davon. Ich trank immer nur eine Espressotasse nach dem Essen.

Käsekuchen ist auch okay, jedoch den Rand und den Unterboden entfernen!

Tipp 18 : *Thunfisch aus der Dose*

Den Thunfisch einfach abtropfen lassen (nur ein Wenig) und mit der Gabel gründlich zermatschen und entweder (falls sie etwas kauen können) mit dem Bauernbrotscheiben (Kruste entfernen) zusammen essen, oder den Thunfisch als Zugabe beim Basmati Reis (1) oder Kartoffelpüree (4) dazugeben.

+ Protein   + Liefert Eisen

- Thunfisch aus der Dose enthält mehr Salz daher sollte er nur Selten verzehrt werden

----

Tipp 19 : *Kirschen (Ohne Steine) Tiefgekühlt mit Zitroneneis*

Tiefgekühlte Kirschen (ohne Steine) in einem Zerkleinerer gründlich pürieren, bis die Kirschen wie ein Eis aussehen, Zitroneneis aus dem Supermarkt vor der Zubereitung herausnehmen und für eine Portion in eine Schale geben und ca. 15 min stehen lassen. Die pürierten Kirschen einfach darüber geben auf das Zitroneneis und fertig.

Perfekt für den Sommer!

+ Antioxidantien

+ Vitamin C

Tipp 20 : *Hähnchenbrust mit Gemüsebrühe oder Suppengemüse*

Hähnchenbrust in einem Topf mit Gemüsebrühe Kochen ca. einen halben Würfel im Wasser auflösen und sobald das Wasser kocht, eine oder 2 Zwiebel ganz und Karotten dazugeben (Beim Suppengemüse alles klein Schneiden und mit der Hähnchenbrust zusammen kochen, dann zuerst mit geschlossenen Deckel kochen Aber Vorsicht kann aufquellen (Auf hohe Temperatur) und nach ca., 1 Std. mit einer gabel kontrollieren, ob das Fleisch zart ist, dann für weitere 45 min kochen lassen auf etwas niedriger Temperatur stellen, das Hähnchenfleisch kann nach dem Garen mit einer gabel zermatscht werden und mehrmals mit der Gabel zerkleinern die Karotten können auch gegessen werden da diese mit der gabel sehr weich sein müssten und diese auch zermatscht werden können.

+ Proteinreich + Macht Schlank

Getränke:

Hier Empfehle ich

- Stilles Wasser mit wenig Calcium

- Apfelschorle (Gelegentlich)

- Sprudel mit wenig Calcium

Frühstücken

Zum Frühstück ist es schwer ohne Kauen durchzukommen, dennoch habe ich neben dem morgendlichen Espresso bzw. Kaffee auch ein paar Ideen ...

Cornflakes von Kellogg's

Ich nahm immer die Variante ohne Zucker (Gab 1 Teelöffel Zucker hinzu) ansonsten auch die variante mit Zucker, wie sie das möchten, die Cornflakes in eine Schüssel geben für 1 Portion und reichlich, Hafermilch Soja oder Mandelmilch dazugeben (Für einige ist es etwas, gewöhnungsbedürftig, tut aber seinen Zweck und füllt den Magen.

(Vollmilch nicht sofort nach einer Zahnoperation zu sich nehmen)

Danach einfach ca. 15 bis 20 min warten und einwirken lassen, die Cornflakes sind danach super weich ;-).

Haferkleie Flocken (Zarte Variante)

Ich nahm immer die der Marke Kölln, einfach für eine Portion in die Schüssel geben und auch hier entweder Sojamilch oder auch Mandelmilch dazugeben und für ca. 15 min einwirken lassen, gerne können sie auch die Mandelmilch leicht erhitzten. Dadurch werden die Flocken nach 5 Min. sehr weich.

Löffelbiskuit (Ohne Zuckerkruste)

Einfach 3 oder 4 Biskuits in eine Schüssel geben und Kaffee kochen. Den aufgebrühten Kaffee reichlich, auf die Biskuit gießen. Dadurch, werden die, Löffelbiskuit sehr weich, geeignet für die am morgen einen extra Schub Kaffee brauchen ;-)

Zum Schluss :

Bei Kauproblemen sollten sie es vermeiden auswärts zu essen. Alternativ können sie sich jedoch ein Reisgericht bestellen, alles andere ist leider ungeeignet.

Wichtiger Hinweis, die von mir angegeben bzw. aufgelisteten Lebensmittel können Laktose, Gluten, Soja, Ei und Nüsse enthalten!

Mich haben die Lebensmittel auch Kombinationen ganz gut durch die Genesung gebracht. Ich wusste damals nicht, was ich mit meinen Kauproblemen essen sollte, ... daher habe ich mich darauf konzentriert, was man essen kann und noch dazu einigermaßen gesund ist. , ich hoffe das sie auch für sie hilfreich sein werden.

In diesem Sinne wünsche ich ihnen Gute Besserung

Ihre Elena Gilbert

Dieser Ratgeber soll nur als Überbrückung dienen und zur Genesung

----

In der Tagesplanung können sie aus diesem Buch für den Tag ihr Essen zusammenstellen, ich fühlte mich nach einer Planung besser und musste mir nicht beim Schlafengehen über mein Essen für morgen sorgen machen.

Tagesplanung

Zum Beispiel : Montag

Mittags:____Basmatireis_____

Nachtisch:____Walnüsse und Rosinen_____

Abend:_____Erbsenpüree mit Brotscheiben_____

Montag

Mittags:_____

Nachtisch:_____

Abend:_____

Dienstag

Mittags:_____

Nachtisch:_____

Abend:_____

Mittwoch

Mittags:_____

Nachtisch:_____

Abend:_____

Donnerstag

Mittags:_____

Nachtisch:_____

Abend:_____

Freitag

Mittags:_____

Nachtisch:_____

Abend:_____

Samstag

Mittags:_____

Nachtisch:_____

Abend:_____

Sonntag

Mittags:_____

Nachtisch:_____

Abend:_____

Montag

Mittags:_____

Nachtisch:_____

Abend:_____

Dienstag

Mittags:_____

Nachtisch:_____

Abend:_____

Mittwoch

Mittags:_____

Nachtisch:_____

Abend:_____

Donnerstag

Mittags:_____

Nachtisch:_____

Abend:_____

Freitag

Mittags:_____

Nachtisch:_____

Abend:_____

Samstag

Mittags:_____

Nachtisch:_____

Abend:_____

Sonntag

Mittags:_____

Nachtisch:_____

Abend:_____

Montag

Mittags:_____

Nachtisch:_____

Abend:_____

Dienstag

Mittags:_____

Nachtisch:_____

Abend:_____

Mittwoch

Mittags:_____

Nachtisch:_____

Abend:_____

Donnerstag

Mittags:_____

Nachtisch:_____

Abend:_____

Freitag

Mittags:_____

Nachtisch:_____

Abend:_____

Samstag

Mittags:_____

Nachtisch:_____

Abend:_____

Sonntag

Mittags:_____

Nachtisch:_____

Abend:_____

Montag

Mittags:_____

Nachtisch:_____

Abend:_____

Dienstag

Mittags:_____

Nachtisch:_____

Abend:_____

Mittwoch

Mittags:_____

Nachtisch:_____

Abend:_____

Donnerstag

Mittags:_____

Nachtisch:_____

Abend:_____

Freitag

Mittags:_____

Nachtisch:_____

Abend:_____

Samstag

Mittags:_____

Nachtisch:_____

Abend:_____

Sonntag

Mittags:_____

Nachtisch:_____

Abend:_____

Montag

Mittags:_____

Nachtisch:_____

Abend:_____

Dienstag

Mittags:_____

Nachtisch:_____

Abend:_____

Mittwoch

Mittags:_____

Nachtisch:_____

Abend:_____

Donnerstag

Mittags:_____

Nachtisch:_____

Abend:_____

Freitag

Mittags:_____

Nachtisch:_____

Abend:_____

Samstag

Mittags:_____

Nachtisch:_____

Abend:_____

Sonntag

Mittags:_____

Nachtisch:_____

Abend:_____

Montag

Mittags:_____

Nachtisch:_____

Abend:_____

Dienstag

Mittags:_____

Nachtisch:_____

Abend:_____

Mittwoch

Mittags:_____

Nachtisch:_____

Abend:_____

Donnerstag

Mittags:_____

Nachtisch:_____

Abend:_____

Freitag

Mittags:_____

Nachtisch:_____

Abend:_____

Samstag

Mittags:_____

Nachtisch:_____

Abend:_____

Sonntag

Mittags:_____

Nachtisch:_____

Abend:_____

Montag

Mittags:_____

Nachtisch:_____

Abend:_____

Dienstag

Mittags:_____

Nachtisch:_____

Abend:_____

Mittwoch

Mittags:_____

Nachtisch:_____

Abend:_____

Donnerstag

Mittags:_____

Nachtisch:_____

Abend:_____

Freitag

Mittags:_____

Nachtisch:_____

Abend:_____

Samstag

Mittags:_____

Nachtisch:_____

Abend:_____

Sonntag

Mittags:_____

Nachtisch:_____

Abend:_____

Montag

Mittags:_____

Nachtisch:_____

Abend:_____

Dienstag

Mittags:_____

Nachtisch:_____

Abend:_____

Mittwoch

Mittags:_____

Nachtisch:_____

Abend:_____

Donnerstag

Mittags:_____

Nachtisch:_____

Abend:_____

Freitag

Mittags:_____

Nachtisch:_____

Abend:_____

Samstag

Mittags:_____

Nachtisch:_____

Abend:_____

Sonntag

Mittags:_____

Nachtisch:_____

Abend:_____

Zeitfracht Medien GmbH
Ferdinand-Jühlke-Straße 7
99095 Erfurt, Deutschland
produktsicherheit@kolibri360.de